가족을 위한
무릎기도문

특별히 ________________ 님께

이 소중한 책을 드립니다.

신앙의 가정과 후손들

세계에서 가정교육의 좋은 모델이 되는 가문이 미국의 조나단 에드워드(Jonathan Edwards)의 가문입니다.

조나단 에드워즈는 프린스턴 대학교의 총장을 지냈고, 미국 영적 대각성기에 가장 영향을 많이 끼쳤던 인물입니다. 그의 부인 사라 역시 신앙이 훌륭한 사람이었습니다. 어떤 사람이 조나단 에드워즈와 그의 후손을 추적하여 그의 가계를 연구하였습니다.

그의 직계 후손은 당시 873명이었는데 그가운데 대학 총장을 지낸 사람이 13명, 교수 67명, 의사 68명, 목회자와 선교사 100명, 고급장교 75명, 저술가 85명, 변호사 139명, 판사 33명, 차관급 고급 공무원 80명, 대도시 시장 3명, 주지사 3명, 하원의원 3명, 상원의원 2명, 미국 부통령 1명이었다고 합니다.

한편 조나단 에드워즈의 어린 시절 친구 **맥스 쥬크**는 교회 주일학교에 빠지지 않고 다니다가, 어느 날부터인가 믿음을 잃어버리고 교회를 떠나 방탕한 생활로 빠지게 되었습니다. 그러다가 신앙이 없는 여자와 결혼해서 자녀들을 두었습니다. 조나단 에드워즈를 연구했던 사람은 그의 친구인 맥스 쥬크의 후손들도 추적해 보았습니다.

그의 후손은 당시 1,292명인데 그 가운데 유아사망 309명, 거지 310명, 불구자 440명, 매춘부 50명, 도둑 60명, 살인자 70명, 별 볼일 없이 산 사람 53명이라는 조사 결과가 나왔습니다.

이 두 가계의 믿음의 가정이 얼마나 중요한가를 실제로 보여주는 결과입니다.

"조나단 에드워즈 가문의 비밀은 무엇인가?"
이에 대한 연구로 박사학위를 받은 6명의 일치된 연구 결과는 "독실한 신앙의 힘이었다"이었습니다.

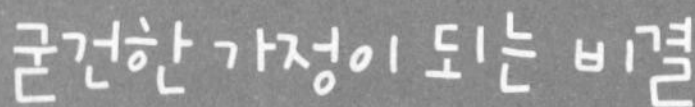

굳건한 가정이 되는 비결

1. **헌신**(commitment- 팀 의식이 강한 가족)하라.
2. **감사**(appreciation- 서로 칭찬하고 격려하며 붙들어 주는 가족)하라.
3. **교통**(communication- 대화가 많고 잘 들어 주는 가족)하라
4. **동행**(time together- 모든 일을 되도록 함께하는 가족)하라
5. **정신적 건강**(spiritual health- 이웃에 대한 사랑과 긍휼을 실천하는 가족)하라
6. **극복하는 기술**(coping skills- 어려움 중에 있는 식구에게 넓은 아량으로 힘을 주는 가족)배우라.

– 페퍼다인대학교 교육대학원장인 스티네트(Nick Stinnett) 박사

가정을 잘 되게 하는 신앙유산

록 펠러가 30대에 백만장자가, 53세 때에 세계 최고의 부자가 된 것은 그의 어머니가 아래의 10가지 신앙 유산을 물려주셨기 때문이라고 합니다.

1. 하나님을 친아버지 이상으로 섬겨라.
2. 영적인 지도자(목회자)를 하나님 다음으로 생각하라.
3. 주일 예배는 가능한 한 본 교회에서 드려라.
4. 오른쪽 주머니는 항상 십일조 주머니로 사용하라.
5. 그 누구와도 적이 되게 하지 말라.
6. 아침에 먼저 하나님의 말씀을 읽고 기도하라.
7. 무슨 일을 하든지 언제 어디서나 기도로
   하나님의 도우심을 구하라.
8. 잠자리에 들기 전 하루를 뒤돌아보고
   죄 지은 것이 생각나거든 자백하라.
9. 남을 도울 수 있으면 힘껏 도우되
   도와준 일에 대해 절대로 나팔을 불지 말라.
10. 예배 시간에 항상 앞에 앉으라.

이 책의 사용방법

1. 매월 1일 기도를 시작하십시오.

   (만약 날짜를 바꾸어 시작하고 싶다면, 원하는 날짜에 시작하셔도 괜찮습니다.)

2. 30일 동안 매일 적당한 시간을 내어 기도하십시오.

3. 한달 동안 기도하신 후 다음 달 1일이 되면 다시 기도를 반복하십시오. (12번 기도하면, 1년 동안 매일 당신의 가족을 위해 모든 분야를 골고루 기도하게 됩니다.)

4. 5일이 지날 때마다 날짜와 기도한 횟수를 적으세요. 횟수가 늘어날 때마다 가족의 축복도 쌓여갈 것입니다.

5. 가족 사랑을 점검할 수 있는 재미있는 체크표도 함께 있습니다. 다양한 방법으로 가족간의 사랑을 키워가시기 바랍니다.

Contents _차례

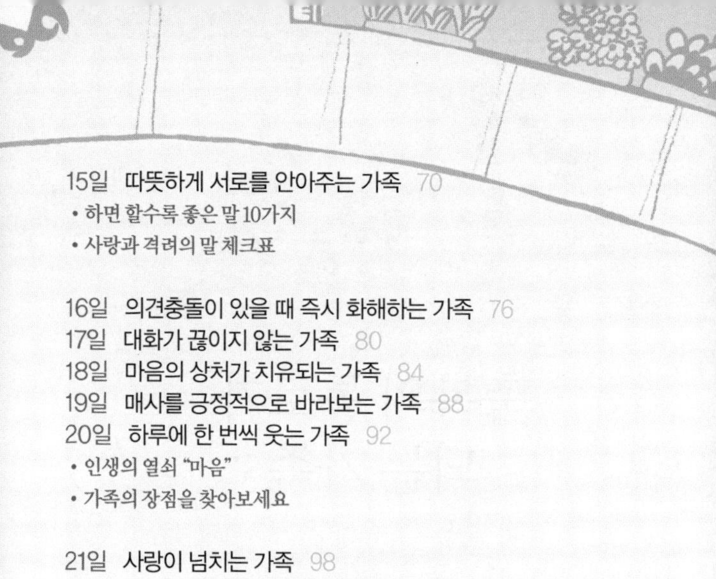

축복의 통로가 되는 가족

행복은 언제나 우리 곁에 다가와 있다.
다른 사람을 축복할 때 행복은 우리의 문을 열고
중심에 자리잡을 것이다.

"하나님은 하늘의 이슬과 땅의기름짐이며 풍성한 곡식과 포도주로 네게 주시기를 원하노라 만민이 너를 섬기고 열국이 네게 굴복하리니 네가 형제들의 주가 되고 네 어미의 아들들이 네게 굴복하며 네게 저주하는 자는 저주를 받고 네게 축복하는 자는 복을 받기를 원하노라"(창 27:28~29)

"그의 형통함과 그의 아름다움이 어찌 그리 큰지 소년은 곡식으로 강건하며 처녀는 새 포도주로 그러하리로다"(슥 9:17)

다음 페이지의 기도문을 읽으면서 마음을 다해 기도하십시오.

주님, 우리 가정이 가장 큰 축복의 가정이 되도록 은혜를 베풀어 주시옵소서.

우리 가족 모두에게 채워진 축복이 다른 이들에게까지 흘러 넘치는 축복의 통로가 되게 하시며 우리 남편(아내, 아이) (   )(이)가 항상 축복받은 사람이라는 칭찬이 주변으로부터 끊이지 않게 하옵소서.

또한 우리 가족이 이 땅에서 누릴 수 있는 부유함도 주셔서 주어진 일마다 10배, 60배, 100배의 축복으로 채워지게 은혜를 베푸시옵소서.

하늘의 보화 창고가 넘치게 하시며, "그 우편 손에는 장수가 있고 그 좌편 손에는 부귀가 있나니"(잠 3:16)라는 하나님의 축복의 말씀이 우리 가족에게 현실로 이루어질 것을 간구드립니다.

하나님의 복을 구하는 자에게 이루어주신다고 하셨
사오니, 약속의 말씀을 우리 가족에게 성취시켜 주시
옵소서.

오늘 우리(   )(이)는 (   )일을 계획하
고 있습니다.
그 일에도 하나님의 복이 함께 하시기를 간구드리며
예수님의 이름으로 기도드립니다. 아멘.

2 DAY

잘못을
회개하는 가족

회개는 구원과 용서를 받은 후에
죄에 대하여 의지적으로 반응하는 것입니다.
엄청난 감격이 없어도
올바른 것에 대하여 나를 굴복시키는 것입니다.
– 찰스 스탠리 –

먼저 말씀을 묵상하십시오.

"나 주 여호와가 말하노라 이스라엘 족속아 내가 너희 각 사람의 행한대로 국문할찌라 너희는 돌이켜 회개하고 모든 죄에서 떠날찌어다 그리한즉 죄악이 너희를 패망케 아니하리라"(겔 18:30)

"그러므로 어디서 떨어진 것을 생각하고 회개하여 처음 행위를 가지라 만일 그리하지 아니하고 회개치 아니하면 내가 네게 임하여 네 촛대를 그 자리에서 옮기리라"(계 2:5)

다음 페이지의 기도문을 읽으면서 마음을 다해 기도하십시오.

우리의 구원자 되시고 참 생명을 주신 주님,

오늘 우리 가족의 하루를 세심하게 간섭하여 주시기를 간구하오니, 각자의 손을 올바르게 사용하게 하시며, 걸음을 선한 길로 인도하시고, 마음에 악한 생각을 하지 않도록 성령의 능력으로 강권하여 주옵소서.

그래도 우리 가족이 하나님을 순종하지 않는 죄를 범하면, 하루가 다 지나가기 전에 그 죄를 고백하여 용서를 구하는 가족이 되게 하옵소서.

"죄인 하나가 회개하면 하늘에서는 회개할 것 없는 의인 아흔 아홉을 인하여 기뻐하는 것보다 더하리라"(눅 15:7)고 말씀하신 주님, 우리의 진심에서 우러나오는 회개로 인하여 주님께 기쁨을 드리는 가족이 되기를 소망합니다.

혹시 지나치기 쉬운 작은 잘못이라 할지라도 반드시

생각나게 하셔서 회개하게 하시고, 때로는 가슴을 치며 눈물로 회개하여 주님의 용서를 구하는 겸손한 가족 되게 인도하여 주시옵소서.

이 시간 저의 (   ) 죄를 회개합니다.

우리 가족이 기도하는 제목이 응답되지 않을 때에는 "주의 약속은 어떤 이의 더디다고 생각하는 것 같이 더딘 것이 아니라 오직 너희를 대하여 오래 참으사 아무도 멸망치 않고 다 회개하기에 이르기를 원하시 느니라"(벧후3:9)는 말씀처럼 회개하지 않는 죄는 없는지 되돌아보게 하셔서 구하기 전에 먼저 깨끗하고 정결한 모습으로 주님 앞에 나갈 수 있도록 인도하여 주시옵소서.

예수님의 이름으로 기도합니다. 아멘.

3 DAY

주어진 재능대로
쓰임 받는 가족

우리는 무한한 가능성을 가지고 있습니다.
그것을 사용하느냐 안 하느냐는
자신의 의지와 결정에 달려 있습니다.

"여호와의 신 곧 지혜와 총명의 신이요 모략과 재능의 신이요 지식과 여호와를 경외하는 신이 그 위에 강림하시리니"(사 11:2)

"내게 능력 주시는 자 안에서 내가 모든 것을 할 수 있느니라" (빌 4:13)

"너희는 더욱 큰 은사를 사모하라 내가 또한 가장 좋은 길을 너희에게 보이리라"(고전 12:31)

다음 페이지의 기도문을 읽으면서 마음을 다해 기도하십시오.

우리 가족 한 사람 한 사람을 주님의 아름다운 솜씨
로 빚으셔서 한 가족이 되어 만나게 하심을 감사드
립니다. 또한 각자에게 꼭 맞는 달란트를 주셔서 가
장 최고의 모습으로 만들어 주심도 감사드립니다.
"오직 나는 여호와의 신으로 말미암아 권능과 공의
와 재능으로 채움을 얻고"(미 3:8)라는 말씀처럼 모
든 능력과 재능은 하나님으로부터 받은 것임을 고백
합니다.
주님, (   )(이)에게는 특별한 (   )재능이
있습니다. 그 재능을 온전히 사용할 수 있도록 도와
주시옵소서. 자신의 능력은 스스로 되어진 것이 아니
므로 온전히 하나님께 의뢰하므로 간구할 때 가장 최
고의 재능으로 빛나게 된다는 것을 알게 하옵소서.
우리 가족 중 아직 발견하지 못한 뛰어난 능력이 많
이 있을 것이라 생각합니다. 모든 능력을 주님께서

친히 개발시켜 주셔서 그 재능 때문에 삶이 더욱 풍성한 열매를 맺고 가는 곳마다 크게 쓰임 받을 수 있도록 도와주시옵소서.

행여 교만한 생각이 파고들어 스스로를 높이는 일이 없도록 항상 깨우치시며, 주신 재능을 통하여 하나님께는 영광, 우리 가족에게는 행복과 기쁨이 되게 인도하여 주시옵소서.

오늘도 주신 재능에 따라 온전히 쓰임 받는 하루가 되기를 소망하며 예수님의 이름으로
기도드립니다. 아멘.

좋은 말씨로
서로를 세워주는 가족

해서는 안 되는 말은 상대의 마음에 상처를 내며
가지고 있는 능력조차도 발휘할 수 없게 만들지만,
할수록 좋은 말은 상대방의 상처를 치유하며 능력을
배가시키며 가정과 직장, 나라와 민족을 바르게 세워줍니다.

"혹은 칼로 찌름 같이 함부로 말하거니와 지혜로운 자의 혀는 양약 같으니라"(잠 12:18)

"그러므로 생명을 사랑하고 좋은 날 보기를 원하는 자는 혀를 금하여 악한 말을 그치며 그 입술로 궤휼을 말하지 말고"(벧전 3:10)

"미련한 자는 교만하여 입으로 매를 자청하고 지혜로운 자는 입술로 스스로 보전하느니라"(잠 14:3)

능력의 말씀으로 이 세상을 창조하신 하나님!

오늘도 달고 오묘한 주님의 말씀에 순종하는 우리 가족이 되도록 인도해 주옵소서.

어제는 우리 (   )(이)에게 말로 상처를 주었습니다. 하나님께서 주신 입술을 아름답게 사용하지 못한 저를 용서해 주옵소서.

찬양을 해야 할 입술로 저주하며, 격려해야 할 입술로 비방할 때가 있습니다. 그럴 때마다 저희의 입술을 주관하셔서 아름다운 말을 하는 입술이 되도록 강권하여 주시옵소서.

"네 혀를 악에서 금하며 네 입술을 궤사한 말에서 금할찌어다"(시34:13)라고 하신 주님의 말씀을 온전히 지켜 악한 말은 전혀 사용하지 못하도록 막아주시옵소서.

우리 가족 중 누군가 실의에 빠질 때 위로의 말로 용기를 주게 하시며, 서로를 격려하는 말로 하루의 삶에 의욕이 넘치도록 인도해 주시옵소서.

약점을 말하기보다는 칭찬하는 말로 세워주는 가족이 되어 서로에게 힘이 되는 가족이 되게 하시고, 허물을 들추는 말보다는 감싸주는 말이 일상화되어 웃음과 행복이 끊이지 않는 우리 가정이 되게 하옵소서. 날마다 주님을 찬양하기를 쉬지 않는 가족이 되길 소망하며 예수님의 이름으로 기도합니다. 아멘.

다른 이들이
닮고 싶은 가족

성경적 기초는 강의로 세워지는 것이 아니라,
날마다 차곡차곡 쌓이는 좋은 본보기로 세워지는 것입니다.
따라서 다른 이들이 닮고 싶은 가정을 만드는 것이
성경적 기초를 이루는 지름길입니다.
-레오 블레싱(Leo B. Blessing)-

먼저 말씀을 묵상하십시오.

"네 집 내실에 있는 네 아내는 결실한 포도나무 같으며 네 상에 둘린 자식은 어린 감람나무 같으리로다"(시 128:3)

"내가 그리스도를 본받는 자 된 것 같이 너희는 나를 본받는 자 되라"(고전 11:1)

"우리가 간절히 원하는 것은 너희 각 사람이 동일한 부지런함을 나타내어 끝까지 소망의 풍성함에 이르러 게으르지 아니하고 믿음과 오래 참음으로 말미암아 약속들을 기업으로 받는 자들을 본받는 자 되게 하려는 것이니라"(히 6:11-12)

다음 페이지의 기도문을 읽으면서 마음을 다해 기도하십시오.

귀하신 하나님, 오늘도 우리 가족을 만나 주셔서 감사드립니다.

주님이 이 세상에 계실 때에 보여주셨던 모습들을 우리 가족 모두가 날마다 배워가게 하옵소서.

주님은 사랑과 긍휼과 자비와 은혜의 아름다운 삶으로 우리에게 모범을 보여 주셨습니다. 저희들도 주님의 아름다운 성품을 닮아갈 수 있도록 도와주시옵소서.

(   )(이)가 주님의 사랑의 모습을 닮을 수 있도록 도와 주시옵소서.

(   )(이)가 주님처럼 온유하도록 인도해주옵소서.

(   )(이)가 주님처럼 넓은 마음을 가진 사람이 되게 하여 주옵소서.

(   )(이)가 주님처럼 지혜로운 사람이 되게 하옵

소서.

그래서 어느 가정보다도 화목하고 웃음이 넘치는 가정이 되어 그 웃음과 행복을 이웃에게까지 전달해주기를 원합니다.

다른 이들이 우리 가족을 만날 때마다 하루가 활기차게 하시며, 우울함이 미소로 변하게 하시고, 불행이 행복으로 바뀌는 역사가 나타나게 하옵소서.

우리 가정이 믿음과 사랑, 행복으로 다져져서 하나님께서 원하시는 믿음의 가정의 모습을 지니길 소망합니다.

예수님의 이름으로 간구합니다. 아멘.

믿음과 목적에 대한 성명서

- 나는 그리스도가 내 죄를 위해 십자가에서 돌아가셨다는 것과 성령이 내 안에 거하셔서 내가 날마다 하나님의 뜻에 따라 살 수 있도록 돕고 계시다는 것을 믿는다.
- 나는 내 주변에 있는 사람들과 내 가족을 축복하고 부요케 하기 위해 하나님께서 사용하실 수 있는 특별한 재능과 재주와 능력을 갖춘 존재로 하나님에 의해 창조되었음을 믿는다.
- 나의 장점은 (   )이다.
  (나는 하나님의 도움으로 극복 또는 최소화해야 할 약점 또한 가지고 있음을 안다.)
- 나는 내 삶의 목적이 (   )임을 믿는다.
- 가족에 대한 나의 소망은 (   )이다.

기도 체크표

5일이 지났습니다. 기도한 횟수를 적어보세요.
당신이 기도한만큼 당신의 가족에게 하나님의 축복이 쌓여갈 것입니다.

횟수											
날짜											

가족 소망 체크표

가족에 대해 어떤 소망을 가지고 있습니까?
소망을 적고 기도하십시오.

가족에 대한 소망	기도날짜

만남의 축복이 있는 가족

만남의 소중함을 아는 사람은
인생에서 실패하는 법이 없습니다.
만남을 위해 기도하는 것은
지혜의 황금을 얻는 것과 같습니다.

"다윗이 사울에게 말하기를 마치매 요나단의 마음이 다윗의 마음과 연락되어 요나단이 그를 자기 생명 같이 사랑하니라"(삼상 18:1)

"이로써 네 믿음의 교제가 우리 가운데 있는 선을 알게 하고 그리스도께 미치도록 역사하느니라"(몬 1:6)

"철이 철을 날카롭게 하는 것 같이 사람이 그의 친구의 얼굴을 빛나게 하느니라"(잠언 27:17)

하나님의 예정하심을 따라 우리가 한 가족으로 만나
게 하신 것을 감사드립니다.

이 세상에서의 삶은 '만남' 의 연속입니다. 우리 가
족이 누구를 만나든지 주님께서 보호하여 주시고,
만남을 통해서 소중한 삶을 경험하게 하시며, 귀한
사람들을 우리 가족 모두에게 붙여 주시옵소서.

다윗이 요나단과 같이 깊은 우정의 만남을 가졌던 것
처럼, 멜기세덱이 아브라함을 만나 축복하였던 것처
럼, 베드로가 예수님을 만나 인생이 변화되었던 것
처럼 우리 온 가족이 만남으로 인한 축복을 누리게
하여 주시옵소서.

또한 우리에게 좋은 만남을 허락하여 주신 것처럼 다
른 사람들이 우리 가족 중 누군가를 만났을 때도 '멋
지고 아름다운 만남' 이었다고 고백할 수 있도록 우
리 가족 모두가 다른 이들에게 '좋은 만남의 대상' 이 되게 하여 주시옵소서.

오늘 우리 (   )(이)는 (   )를 만나야 합니다.
그 만남을 주님이 친히 인도하셔서 삶 가운데 또 한
번의 감사의 날이 되게 하여 주시옵소서. 만약 우연
히 누군가를 만나게 된다면, 그것 또한 하나님의 섭
리 아래 이루어지게 하옵소서. 왜냐하면 모든 우연
가운데 하나님의 필연이 함께 하실 것을 믿기 때문입
니다.
우리 가족이 저녁에 한 자리에 모였을 때 주님이 인
도하신 하루의 소중한 만남들에 대해 나누며 웃음꽃
을 피울 수 있도록 인도하여 주시옵소서.
예수님의 이름으로 기도합니다. 아멘.

작은 것에도 만족하고 감사하는 가족

감사하는 사람은 위대한 사람인 동시에 행복한 사람입니다.
– 윌리엄 세커(William Secker) –

"너희가 다 마음을 같이 하여 체휼하며 형제를 사랑하며 불쌍히 여기며 겸손하며"(벧전 3:8)

"화평케 하는 자는 복이 있나니 저희가 하나님의 아들이라 일컬음을 받을 것임이요"(마 5:9)

"형제들아 내가 우리 주 예수 그리스도의 이름으로 너희를 권하노니 다 같은 말을 하고 너희 가운데 분쟁이 없이 같은 마음과 같은 뜻으로 온전히 합하라"(고전 1:10)

다음 페이지의 기도문을 읽으면서 마음을 다해 기도하십시오.

“아침에 주의 인자로 우리를 만족케 하사 우리 평생에 즐겁고 기쁘게 하소서”(시 90:14)라고 고백했던 다윗처럼 우리 가족의 하루가 주님으로 인하여 만족하고 기쁠 수 있기를 소망합니다.

소유의 많고 적음을 행복의 기준으로 삼지 않게 하시고, 타인과 비교하여 행불행을 가늠하지 않게 하시고, 주어진 순간에 감사하는 우리 가족 되게 하옵소서.

주님을 사모함으로 우리의 영혼이 만족케 되어(시편 107:9 참조), 입에서는 콧노래가 끊이지 않게 하시고, 발걸음이 가볍게 하시며, 어떤 위기가 닥쳐온다 하더라도 감사함으로 어려운 일들이 잘 해결되게 하여 주시옵소서.

불만과 투덜거림의 부정적인 마음은 우리 가족에게
부끄러운 일이 되게 하시고, 오늘 주어진 식탁, 함께
머물 수 있는 공간, 학교와 직장, 가정에서 각자의 삶
이 주어진 것에 만족하여 풍부에 처하나 빈궁에 처하
나 자족할 수 있는 바울의 마음을 우리 가족에게 허
락하여 주시옵소서.

자족하는 마음은 또한 경건에도 도움이 된다(딤전
6:6참조) 하셨사오니, 이러한 믿음으로 경건한 삶
을 살아 하나님께 영광 돌리게 하옵소서.
예수님의 이름으로 기도합니다. 아멘.

8 DAY

마음의 소원이
성취되는 가족

많은 사람들은 소원을 향해
달려가기도 전에 '소원은 소원일 뿐' 이라는
잘못된 생각을 가지고 주저앉아 버립니다.
그러나 하나님께서는 그 '소원' 이 성취될 수 있는
열쇠를 주시려고 내밀고 계십니다.

"여호와여 주는 겸손한 자의 소원을 들으셨으니 저희 마음을 예비하시며 귀를 기울여 들으시고"(시 10:17)

"여호와여 내 기도를 들으시며 내 간구에 귀를 기울이시고 주의 진실과 의로 내게 응답하소서"(시 143:1)

"저희가 평온함을 인하여 기뻐하는 중에 여호와께서 저희를 소원의 항구로 인도하시는도다"(시 107:30)

우리의 모든 간구를 들으시는 하나님!

오늘 하루의 삶 가운데 우리 가족이 소원하는 바가 주님 뜻 안에서 성취되게 하옵소서. 우리 마음에 소원을 주시고 입술의 구함을 거절치 아니 하신다(시 21:2 참조)고 말씀하셨사오니 우리의 구하는 바를 친히 인도하시고, 세세하게 구하는 것까지 귀 기울여 주시기를 간구하나이다.

구하기 전에 먼저 겸손한 우리 가족이 되게 하시고 하나님의 뜻을 물으며, 그 뜻에 따라 구할 때마다 모두 응답되어서 주님의 나라를 이 땅에서 더욱 확장시켜 가는 가족이 되게 하옵소서.

주님과의 진실한 교통으로 개인적인 간구, 서로를 위한 간구, 이웃을 위한 간구가 모두 이루어지게 하옵소서.

요즈음 우리 가족에게는(   ) 소원이 있습니다.

그 소원 또한 주님의 도우심으로 이루어지게 하옵소서.

강청함으로 간구할 때 들으시는 하나님!

"여호와를 기뻐하라 저가 네 마음의 소원을 이루어 주시리로다"(시 37:4)고 하셨사오니 주님을 진정으로 기뻐하며 온 맘으로 간구드리는 가정이 되게 하시며 구하는 것마다 응답되는 기쁨을 허락하여 주시옵소서.

예수님의 이름으로 기도합니다. 아멘.

날마다 말씀을 깨달아 믿음이 성장하는 가족

'경청' 과 '지혜' 는 일맥 상통합니다.
귀 기울여 듣는 사람은 지식이 많아지고,
이해의 폭이 넓어지며 성숙에 이르게 됩니다.

"그러면 무엇을 말하느뇨 말씀이 네게 가까와 네 입에 있으며 네 마음에 있다 하였으니 곧 우리가 전파하는 믿음의 말씀이라"
(롬 10:8)

"네가 이것으로 형제를 깨우치면 그리스도 예수의 선한 일군이 되어 믿음의 말씀과 네가 좇은 선한 교훈으로 양육을 받으리라"
(딤전 4:6)

"이러므로 우리가 하나님께 쉬지 않고 감사함은 너희가 우리에게 들은바 하나님의 말씀을 받을 때에 사람의 말로 아니하고 하나님의 말씀으로 받음이니 진실로 그러하다 이 말씀이 또한 너희 믿는 자 속에서 역사하느니라"(살전 2:13)

“믿음은 들음에서 나며 들음은 그리스도의 말씀으로 말미암았느니라”(롬 10:17)라고 말씀하신 하나님, 믿음의 근원인 하나님의 말씀으로 말미암아 우리 가족의 믿음이 매일 성장하여 견고한 믿음으로 승리하는 가족 되게 도와주시옵소서.

비바람이 몰아치거나 삶의 폭풍우 가운데서도 확고한 믿음으로 넘어지지 않게 하시고, 말씀을 묵상하는 일이 생활화되어 사고와 생각의 폭이 깊어져서 지혜가 샘솟는 우리가 되기를 소망합니다.
성숙한 신앙인의 모습으로 성장하면 가족 서로 간의 사랑도 더 깊어지리라 믿습니다. 어린 아이와 같은 모습은 벗어버리게 하셔서 은혜의 생수의 맛을 느낄 줄 아는 우리 모두가 되게 인도하여 주시옵소서.

우리 가족의 양육의 기초는 항상 하나님의 말씀이 되어서 육의 양식으로는 몸이 튼튼해지고, 영의 양식인 하나님의 말씀으로는 우리 모두의 영혼이 강건하여지도록 축복하여 주셔서 말씀의 능력을 체험하는 가정 되게 도와 주옵소서.

예수님의 이름으로 기도합니다. 아멘.

강건함(영적, 육적)으로 축복 받는 가족

우리에게 영적인 힘이 넘치면
질병에 대한 면역력도 강해집니다.
날마다 힘주시고 능력주시는 주님을 의지하는 가정은
영적으로나 육적으로 강건함을 유지할 수 있습니다.

"종말로 너희가 주 안에서와 그 힘의 능력으로 강건하여지고"
(엡 6:10)

"가로되 은총을 크게 받은 사람이여 두려워하지 말라 평안하라 강건하라 강건하라 그가 이같이 내게 말하매 내가 곧 힘이 나서 가로되 내 주께서 나로 힘이 나게 하셨사오니 말씀하옵소서"
(단 10:19)

"그 영광의 풍성을 따라 그의 성령으로 말미암아 너희 속 사람을 능력으로 강건하게 하옵시며"(엡 3:16)

다음 페이지의 기도문을 읽으면서 마음을 다해 기도하십시오.

우리 가족의 사랑의 원천은 주님이시고, 우리 가족
의 건강의 원천 또한 주님이심을 믿습니다. 우리 가
족에게 영혼의 건강으로 믿음이 견실하여 행복한 가
족이 되게 하시고, 뛰어다녀도 피곤치 않을 육신의
건강도 허락하여 주시옵소서.
때로 나약해질지라도 곧바로 새 힘을 공급해주시고,
넘어지지 않도록 우리 가족 모두의 손을 꼭 붙들어
주옵소서.

"사랑하는 자여 네 영혼이 잘 됨같이 네가 범사에 잘
되고 강건하기를 내가 간구하노라"(요3 1:2)고 말
씀하셨던 것처럼 하나님의 사랑으로 우리 가족이 범
사에 잘 되고 소망하는 모든 일들이 이루어지게 하옵
소서.

이 세상에서 얻을 수 있는 나쁜 병들로 인해 슬픔이 찾아오지 않게 하시며, 주님 부르시는 그 날까지 머리끝부터 발끝까지 상하지 않게 하시고, 마음의 상처로 인해 영혼의 병을 얻는 일이 없도록 보호하여 주시기를 간구하나이다. 또한 육신만 건강하여서 영혼이 병이 들거나, 영적으로만 건강하여서 육신이 연약한 불균형을 이루지 않고 영육 간에 모두 건강을 허락하여 주시옵소서.

순수한 믿음을 유지하여서 하나님과 가장 가까운 우리가 되게 하옵시며, 활동과 절제의 균형을 이루어 육신의 건강을 지킬 수 있는 지혜를 주시옵소서. 예수님의 이름으로 기도드립니다. 아멘.

좋은 부모로 변화되는 5가지 지침

첫째, 자녀의 눈높이에 초점을 맞추어 자녀의 입장을 생각해보라.

둘째, 자녀를 존중하고, 차이를 수용하라.

셋째, 진심어린 응답은 자녀를 변화시키므로 건성으로 흘리는 대화는 피하고 정서적으로 자녀에게 응답하라.

넷째, 아버지로서 책임감 있는 리더십의 자질을 보여주라.

다섯째, 꿈과 목표를 추구하여 본이 되라.

기도 체크표

10일이 지났습니다. 기도한 횟수를 적어보세요.
당신이 기도한만큼 당신의 가족에게 하나님의 축복이 쌓여갈 것입니다.

횟수										
날짜										

사랑을 표현하는 사다리 게임

♥가족에게 표현하지 못했던 사랑의 마음을 마음껏 표현해 보세요.

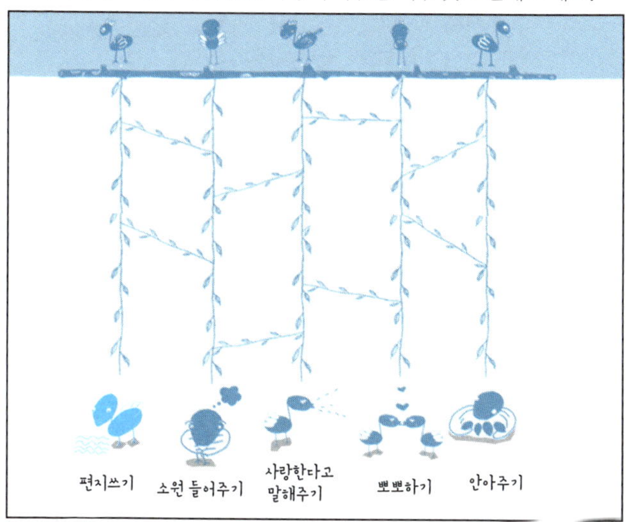

실천하고 난 후의 느낌을 간단히 기록해보세요.

11 DAY

나쁜 영이 틈타지 않는 가족

악한 것을 버리고
서로 친절하고
불쌍히 여기며
용서하는 태도를 가지면
모든 사람에 대해 존중하는 마음이 우러날 것입니다.

먼저 말씀을 묵상하십시오.

"여호와께서 자기를 사랑하는 자는 다 보호하시고 악인은 다 멸하시리로다"(시 145:20)

"네 하나님 여호와께서 권고하시는 땅이라 세초부터 세말까지 네 하나님 여호와의 눈이 항상 그 위에 있느니라"(신 11:12)

"내가 너를 악한 자의 손에서 건지며 무서운 자의 손에서 구속하리라"(렘 15:21)

다음 페이지의 기도문을 읽으면서 마음을 다해 기도하십시오.

주님, 오늘도 하나님의 날개 아래 안전히 거하는 우
리 가족 되게 하여 주시옵소서.

때로 사단의 생각이 우리 자신을 합리화시키려 하고,
주장하려 할 때가 있습니다. 나쁜 영의 꾀임에 빠져
들지 않도록 온전히 붙들어 주시옵소서.

악한 영이 우리 집안에 잠시라도 틈타지 않도록 보호
하시며, 직장에서나 학교에서, 그리고 가는 곳마다
주님의 보호하심을 느낄 수 있게 하옵소서.

부정적인 생각으로 주님의 말씀을 가로막는 악한 영
은 예수 그리스도의 이름으로 물러갈지어다!

가족 간의 사랑을 가로막고 서로를 갈라놓는 분리의
영은 예수 그리스도의 이름으로 물러갈지어다!

시기와 절망, 분노를 일으키게 하는 악한 영은 예수
그리스도의 이름으로 물러갈지어다!

무관심과 서로에 대한 배려를 가로막는 완악한 영은 예수 그리스도의 이름으로 물러갈지어다!

서로에게 화가 나거나 미운 생각이 들 때 즉시 나쁜 영이 우리를 흔들어 놓으려 한다는 것을 깨달아 사랑의 마음을 회복하도록 다스려 주옵소서.
오직 하나님의 영이 항상 우리 가족을 지배해 주시옵소서.
우리를 사랑하시는 예수 그리스도의 이름으로 간구드립니다. 아멘.

예수님을 주인으로 모시는 온전한 가족

우리는 그리스도를 주인으로 섬기기 위하여
다른 주인들을 버려야 합니다.
예수님께서는 내가 믿는 그 무엇에 첨가되는 분이 아닙니다.
그분이 들어오면 모든 것들은 나가야 합니다.
– 존 맥아더 –

"왕이신 나의 하나님이여 내가 주를 높이고 영원히 주의 이름을 송축하리이다"(시 145:1)

"야곱의 하나님으로 자기 도움을 삼으며 여호와 자기 하나님에게 그 소망을 두는 자는 복이 있도다"(시 146:5)

"지내쳐 그리스도 교훈 안에 거하지 아니하는 자마다 하나님을 모시지 못하되 교훈 안에 거하는 이 사람이 아버지와 아들을 모시느니라"(요이 1:9)

다음 페이지의 기도문을 읽으면서 마음을 다해 기도하십시오.

감사와 영광을 받으시기에 합당하신 주님!

세상 사람들이 참된 주인이 주님인줄 모르고 돈과 명예, 권력을 마음의 주인으로 삼을지라도 우리 가정은 온전히 마음 중심에 예수님을 주인으로 모시며 살아가도록 하옵소서.

우리 가족이 스스로 주인이 되어서, 실수와 죄악으로 가득찬 삶을 살지 않게 하시고, 주님을 주인으로 모시고, 주님의 보호 아래에서 평안함을 누리게 하옵소서.

때때로 주님을 떠나 인간적인 사고로 판단하다가 하나님의 뜻에 어긋나서 세상을 즐겁게 하는 가족이 되지 않게 하시고, 온전한 주인이신 주님만 따르는 온 가족이 되게 도와주소서.

무엇을 하든지 '주님 먼저' 라는 생각이 생활화되도

록 인도하여 주시옵소서.

"…자기를 깨끗하게 하면 귀히 쓰는 그릇이 되어 거룩하고 주인의 쓰심에 합당하며 모든 선한 일에 예비함이 되리라"(딤후2:21)고 말씀하신 것처럼 주인 되신 주님의 뜻에 합당하게 예비되는 가정이 되게 하옵소서.

모든 결정에 앞서 항상 우리의 삶을 주인 되신 주님과 상의하여 실수함이 없는 지혜로운 가족이 되게 도와 주시옵소서.

예수님의 이름으로 기도합니다. 아멘.

삶의 우선순위를 아는 가족

원만한 가정 생활과 건전한 그리스도인의 가정은
우연히 이루어지는 것이 아닙니다.
아내가 자기 자신의 가치관과 삶의 우선 순위를
결혼 초기에 선택해야 하고,
남편과 함께 매일같이 그것을 이루기 위해
노력하며 살아야 삶의 목표들이 현실화됩니다.

"그들이 날마다 나를 찾아 나의 길 알기를 즐거워함이 마치 의를 행하여 그 하나님의 규례를 폐하지 아니하는 나라 같아서 의로운 판단을 내게 구하며 하나님과 가까이 하기를 즐겨하며"(사 58:2)

"너희는 먼저 그의 나라와 그의 의를 구하라 그리하면 이 모든 것을 너희에게 더하시리라"(마 6:33)

"모든 것을 적당하게 하고 질서대로 하라"(고전 14:40)

다음 페이지의 기도문을 읽으면서 마음을 다해 기도하십시오.

모든 일에 질서 있게 행하는 것을 기뻐하시는 주님!

우리 가족 모두가 하루를 시작할 때 주님과 함께 시
작하게 하시고 모든 생활의 첫 번째 자리를 주님께
내어드릴 수 있는 분별력을 허락하여 주시옵소서.
항상 주님이 주신 소중한 시간을 규모 있게 사용하
며, 삶의 질서를 유지하는 능력을 기를 수 있도록 도
와주시옵소서.

때때로 혼란에 빠져 질서를 잊어버리고 곁길로 갈지
라도 주님께서 우리 가족 한 사람 한 사람의 손을 붙
잡아 주셔서 속히 우선순위의 길로 들어서도록 보호
해 주시옵소서.
현명하게 주어진 일들을 구분짓게 하시고, 시간을
낭비하고 인생의 해악이 되는 일들로 분주하지 않

게 하옵소서.

사소한 일때문에 중요한 일을 놓치지 않게 인도해 주시옵소서.

우리를 현혹하는 달콤하고 순간적인 쾌락으로 우리의 마음이 먼저 쏠릴 때가 있습니다. 그 길은 멸망의 길임을 명심하게 하시고, 예수님의 가치관을 따라 실행하는 우리 가족되게 도와주시옵소서.

예수님의 이름으로 기도합니다. 아멘.

유혹에서
승리하는 가족

하나님에 대한 간절한 사랑은
필연적으로 다른 영적 정서들을 일으킵니다.
이 사랑은 죄에 대한 혐오감을 일으키며
죄를 무서워하는 거룩한 정서를 야기시킵니다.
– 조나단 에드워즈 –

"너희는 유혹의 욕심을 따라 썩어져 가는 구습을 좇는 옛 사람을 벗어 버리고"(엡 4:22)

"대저 하나님께로서 난 자마다 세상을 이기느니라 세상을 이긴 이김은 이것이니 우리의 믿음이니라"(요1서 5:4)

"오직 오늘이라 일컫는 동안에 매일 피차 권면하여 너희 중에 누구든지 죄의 유혹으로 강퍅케 됨을 면하라"(히 3:13)

다음 페이지의 기도문을 읽으면서 마음을 다해 기도하십시오.

우리의 구원자 되시며 우리를 보호하시는 주님! 우리 가정이 주님의 사랑과 은혜로 보호하심을 입고 살아감에도 불구하고 베드로전서 5장 8절의 말씀처럼 여전히 우리의 대적인 마귀는 우는 사자 같이 두루 다니며 삼킬 자를 찾고 있습니다. 점점 더 많은 유혹이 난무하는 이 세상 속에서 우리 가정이 깨어 있도록 인도하여 주시옵소서.

거짓, 간음, 알코올, 도박, 인터넷, 물질 등의 악한 세력에서 우리를 구하여 주시고 이런 유혹이 우리 마음에 찾아올 때마다 하나님의 간섭하심과 강건케 하시는 능력으로 자제하고 다스리는 마음을 갖게 하여 주시옵소서. 사람들의 가치관도 하루가 다르게 달라져서 돈과 물질에 대한 생각들이 지배해가고 있습니다. 우리 가족의 가치관 속에 행여 죄악된 생각들이

당연시되어지는 일이 없도록 도와주시고 세상이 아무리 바뀌어도 주님의 말씀이 우리의 지표가 되어 하나님과 상반되는 모든 생각은 우리 가족 가운데서 멀어져서 버려야할 옛 사람의 구습이 되게 하옵소서.

유혹의 욕심이 우리 가운데 손을 내밀 때가 있을지라도 과감히 떨쳐버리고 순간의 만족이 아닌 영원의 만족과 기쁨을 추구하는 우리 가족 되게 인도하여 주시옵소서. 그래서 유혹에서 승리한 우리 가정이 더욱 깨끗하고 정결한 그릇이 되어 주님의 쓰임을 받을 수 있도록 하여 주시옵소서.
예수님의 이름으로 기도드립니다.
아멘

따뜻하게 서로를
안아주는 가족

가정에서의 사랑은
친절과 사려 깊은 작은 행동들을 통해
지속될 수 있습니다.

"긍휼히 여기는 자는 복이 있나니 저희가 긍휼히 여김을 받을 것임이요"(마 5:7)

"새 계명을 너희에게 주노니 서로 사랑하라 내가 너희를 사랑한 것 같이 너희도 서로 사랑하라"(요 13:34)

"서로 인자하게 하며 불쌍히 여기며 서로 용서하기를 하나님이 그리스도 안에서 너희를 용서하심과 같이 하라"(엡 4:32)

다음 페이지의 기도문을 읽으면서 마음을 다해 기도하십시오.

하나님은 절대적이며 흠 없는 사랑으로 우리를 사랑
하여 주셨습니다. 우리 가족도 그런 사랑으로 서로
가 사랑할 수 있도록 채워주시옵소서. 하나님의 사
랑의 넓이와 깊이가 어떠한지 깨닫게 하시며 서로에
게 그런 깊은 사랑을 실천하는 가정되게 인도하여 주
시옵소서.

우리는 가끔 누군가의 따뜻한 말 한마디, 말없이 손
잡아주는 마음이 필요할 때가 있고, 그러한 위로로
다시 힘을 얻을 때가 많습니다.
우리 가족이 서로에게 그런 존재가 되어 서로를 생각
만 해도 미소가 지어질 수 있기를 소망합니다.

우리 가정 안에서 일어나는 크고 작은 일에 대하여,
서로가 서로를 이해하고 감싸 안을 수 있는 포용력을

주시옵소서.

부모가 연약해질 때에 자녀가 존경과 사랑으로 힘이 되게 하시며, 자녀가 낙심에 빠졌을 때는 부모가 손을 내밀어 일으켜주어 서로를 의지함으로 완전한 가족이 되게 하옵소서.

보듬어주고 토닥여주며 서로에게 에너지가 되는 우리 가족되게 인도해주옵소서.
주 예수님의 이름으로 기도합니다. 아멘

하면 할수록 좋은 말 10가지

1. 마음을 넓게 해주는 말, "미안해"

2. 겸손한 인격의 탑을 쌓는 말, "고마워"

3. 날마다 새롭고 감미로운 말, "사랑해"

4. 사람을 사람답게 자리 잡아 주는 말, "잘했어"

5. 화해와 평화를 주는 말, "내가 잘못했어"

6. 모든 것을 하나 되게 해주는 말, "우리는…"

7. 세상에서 가장 귀한 보배로운 말, "친구야"

8. 봄비처럼 사람을 쑥쑥 키워주는 말, "네 생각은 어때?"

9. 언제든 모든 날들을 새로워지게 하는 말, "첫 마음으로 살아가자"

10. 가장 따뜻하고 행복한 말, "너를 위해 기도할께"

기도 체크표

15일이 지났습니다. 기도한 횟수를 적어보세요.
당신이 기도한만큼 당신의 가족에게 하나님의 축복이 쌓여갈 것입니다.

횟수													
날짜													

사랑과 격려의 말 체크표

가족에게 하고 싶은 사랑의 말, 격려 칭찬의 말을 적고 실천하세요.

가족에게 하고 싶은 말	실천한 사람

의견충돌이 있을 때
즉시 화해하는 가족

갈등은 피할수 없는 요소입니다.
중요한 것은 그것을 어떻게 다루느냐 하는 것입니다.

"마른 떡 한 조각만 있고도 화목하는 것이 육선이 집에 가득하고 다투는 것보다 나으니라"(잠 17:1)

"그의 십자가의 피로 화평을 이루사 만물 곧 땅에 있는 것들이나 하늘에 있는 것들을 그로 말미암아 자기와 화목케 되기를 기뻐하심이라"(골 1:20)

"네가 너를 고소할 자와 함께 법관에게 갈 때에 길에서 화해하기를 힘쓰라 저가 너를 재판장에게 끌어가고 재판장이 너를 관속에게 넘겨주어 관속이 옥에 가둘까 염려하라"(눅 12:58)

다음 페이지의 기도문을 읽으면서 마음을 다해 기도하십시오.

주님의 간섭하심과 섭리가운데 우리를 가족으로 만나게 하시니 감사합니다.

그러나 귀하고 소중한 가족이 간혹 서로 다투거나 의견충돌이 있을 때면 부부로 만났을 때의 즐거움과 부모와 자녀로 만났을 때의 감격은 온데간데없고 잠시의 실수로 서로를 원망하고 불평하는 우리의 못난 모습을 보게 됩니다.

주님~ 애정만 있다면 대부분 화해하고 극복할 수 있었는데 의견 충돌을 일삼고 서로를 비난하였던 것을 회개합니다. 서로에 대한 인내심과 사랑을 회복하게 도와주시옵소서.

자기 입장만 고집하는 것이 아니라 상대방의 입장에 서서 자신의 모습을 객관적으로 바라보게 하시어 서

로의 상황과 형편과 감정을 충분히 이해하게 하시고
먼저 화해를 청할 수 있는 넉넉한 마음도 허락하여
주시옵소서. 그리고 "분을 내어도 죄를 짓지 말며
해가 지도록 분을 품지 말고(엡 4:26)"라는 말씀을
마음에 새겨 의견충돌이 일어나더라도 즉시 화해하
여 주님의 말씀에 온전히 순종하는 가정이 되게 하
옵소서.

예수님의 이름으로 기도합니다. 아멘.

대화가 끊이지 않는 가족

솔직하면서도 다정한 대화는
수많은 갈등 해소의 첩경입니다.
대화의 목적은 논쟁이 아닌
문제의 원인과 서로가 용납할 수 있는 합의점을
찾아내는 것임을 잊지 마십시오.

"각각 자기 일을 돌아볼 뿐더러 또한 각각 다른 사람들의 일을 돌아보아 나의 기쁨을 충만케 하라"(빌 2:4)

"너희는 사랑의 입맞춤으로 피차 문안하라 그리스도 안에 있는 너희 모든 이에게 평강이 있을찌어다"(벧전 5:14)

"서로 돌아보아 사랑과 선행을 격려하며"(히 10:24)

다음 페이지의 기도문을 읽으면서 마음을 다해 기도하십시오.

주님, 우리의 마음이 세상을 향해 있을 때, 먼저 다가
오셔서 마음문을 두드려 주셔서 진심으로 감사를 드
립니다.

그러나 우리는 바쁜 일상생활을 핑계로 정작 대화로
서로에게 관심을 가지지 않고 각자의 생각 속에만 빠
져 살 때가 많습니다.

뿐만 아니라 서로의 생각과 가치관, 성격도 다릅니
다. 그러나 누구든 먼저 대화로 다가가고, 상대방의
생각과 형편이 어떠한지 먼저 이해하려는 열린 마음
을 주시옵소서.

항상 서로를 향해 더 깊은 사랑과 관심을 가질 수 있
도록 우리 가족의 마음을 주장하여 주시옵소서.

그래서 우리 가정은 마음의 문을 열고 서로에게 다
가가는 것을 기뻐하며 기쁨도 어려움도 함께하는 가

정, 언제나 서로간에 대화가 끊이지 않는 가정, 서로의 형편을 위해 기도하는 가족이 되도록 도와주시옵소서.

서로에게 마음을 여는 것을 두려워하지 않게 하시고, 이 세상의 어느 누구보다도 가장 가까운 친구가 되게 하옵소서.

하루를 시작할 때 오늘의 할 일들을 나누게 하시고, 고민이 생겼을 때 서로에게 필요한 상담자가 되게 하시며, 풍성한 대화로 오늘보다 더 나은 내일이 열리는 가정이 되게 하옵소서.

이 모든 말씀을 예수님의 이름으로 기도합니다. 아멘.

마음의 상처가 치유되는 가족

하나님은 우리의 화가이십니다.
우리의 마음과 생각, 삶 등 모든 것을 그려주시며,
얼룩진 우리의 인생을 멋진 그림,
예쁜 인생으로 고쳐 주십니다.
나의 삶이 얼룩졌다고 좌절하며 울지 마십시오.
위대한 화가이신 하나님께서
항상 우리 곁에 계시기 때문입니다.

"여호와께서 그 백성의 상처를 싸매시며 그들의 맞은 자리를 고치시는 날에는 달빛은 햇빛 같겠고 햇빛은 칠배가 되어 일곱날의 빛과 같으리라"(사 30:26)

"그리하면 네 빛이 아침 같이 비췰 것이며 네 치료가 급속할 것이며 네 의가 네 앞에 행하고 여호와의 영광이 네 뒤에 호위하리니"(사 58:8)

"가라사대 너희가 너희 하나님 나 여호와의 말을 청종하고 나의 보기에 의를 행하며 내 계명에 귀를 기울이며 내 모든 규례를 지키면 내가 애굽 사람에게 내린 모든 질병의 하나도 너희에게 내리지 아니하리니 나는 너희를 치료하는 여호와임이니라"(출 15:26)

우리의 마음에 따뜻한 위로를 주시는 주님!

"마음의 즐거움은 얼굴을 빛나게 하여도 마음의 근심은 심령을 상하게 하느니라"(잠 15:13)고 주님께서 말씀하셨는데, 우리 가족 중 마음의 근심을 앓고 있는 사람은 없는지 돌아보게 됩니다. 세상을 살면서 걱정과 염려가 전혀 없을 수는 없지만, 우리 가족은 주님이 함께 하시니 모든 근심은 주님의 십자가에 날마다 못 박아 빛난 얼굴을 지닐 수 있도록 인도하여 주시옵소서.

어떤 일로 마음에 상처를 입었다면, 그 즉시 성령께서 역사하셔서서 어루만져주시고, 조금이라도 상처의 흔적이 남지 않도록 완벽하게 치유하여 주시기를 간구드립니다.

행여 우리 가족이 서로 나누었던 말이나 행동 중에

근심을 주고 심령을 상하게 하는 것들이 있었다면 생각나게 하시고 또한 하나님과 사람 앞에 용서를 구함으로 인간이 할 수 없는 완전한 치유의 은혜를 하나님께서 가족 모두에게 허락하여 주시옵소서.

(   )(이)의 마음이 (   )으로 인하여 상처를 입었습니다.

주님! 간구하오니 상처의 기억조차 남지 않도록 주님의 손으로 어루만져 주옵소서.

우리 가족의 연약한 심령을 견고하게 붙들어주실 것을 믿으며 예수님의 이름으로 기도합니다. 아멘.

매사를 긍정적으로 바라보는 가족

이 세상에서 긍정적인 격려보다
더 능력 있는 것은 없습니다.
난관에 처했을 때, 미소와 낙관적이고
희망적인 "너는 할 수 있어"라는 한 마디는
듣는 이로 하여금 불가능을 가능케 합니다.
-리처드 M. 보스(Richard M. De Vos) -

"오직 너는 마음을 강하게 하고 극히 담대히 하여 나의 종 모세가 네게 명한 율법을 다 지켜 행하고 좌로나 우로나 치우치지 말라 그리하면 어디로 가든지 형통하리니"(수 1:7)

"두려워 말라 내가 너와 함께 함이니라 놀라지 말라 나는 네 하나님이 됨이니라 내가 너를 굳세게 하리라 참으로 너를 도와 주리라 참으로 나의 의로운 오른손으로 너를 붙들리라"(사 41:10)

"내게 능력주시는 자 안에서 내가 모든 것을 할 수 있느니라"(빌 4:13)고 약속하신 하나님을 찬양합니다. 우리 가족 모두가 사람을 대할 때나 어떤 일과 마주할 때, 육신의 생각을 마음에 품기보다는 하나님의 통제를 받으므로 평온함과 감사함, 기쁨과 긍정적인 마음을 품게 하옵소서.

주님을 의지하면 능치 못할 것이 없다는 주님의 말씀을 믿지만 여전히 삶 속에서는 전능하시고 능력의 근원이신 주님을 의지하기보다는 나약한 자신을 바라보며 미래에 대한 불안감과 초조함을 드러낼 때가 있습니다.
부디 우리 가족 모두가 믿음으로 모든 상황을 긍정적으로 사고하여 밝은 모습으로 살아가도록 인도하여 주시옵소서.

어떠한 상황을 만나든지 편견이 우리의 마음을 주장하지 않고 열린 마음과 사고를 가지고 모든 주어진 일을 능히 감당할 수 있다는 긍정적인 생각만이 우리 가족의 마음을 항상 지배하게 하옵소서. 또한 감당치 못할 때는 피할 길도 마련해 주신다는 것을 믿고 담대함과 평안한 마음으로 도전하도록 도와주시옵소서.

우리 가정을 어지럽히는 비관적인 생각, 선입견, 편견은 자리잡게 않게 하시고, 오직 주님이 주시는 긍정적인 생각과 시각으로 승리하는 가정 되게 인도하시옵소서.

예수님의 이름으로 기도합니다.

아멘

하루에
한 번씩 웃는 가족

햇빛과 꽃의 관계는 미소와 사람과의 관계와 같습니다.
미소는 분명히 인생의 좁은 길을 따라 흩어져 있는
하찮은 것에 불과하지만 미소가 행하는 선한 일들은
상상을 초월합니다.
-조셉 애디슨(Joseph Addison) -

"그는 하나님께 기도하므로 하나님이 은혜를 베푸사 그로 자기의 얼굴을 즐거이 보게 하시고 사람에게 그 의를 회복시키시느니라"(욥 33:26)

"그 때에 우리 입에는 웃음이 가득하고 우리 혀에는 찬양이 찼었도다 열방 중에서 말하기를 여호와께서 저희를 위하여 대사를 행하셨다 하였도다"(시 126:2)

다음 페이지의 기도문을 읽으면서 마음을 다해 기도하십시오.

우리의 마음에 즐거움을, 우리의 얼굴에 웃음을 기뻐하시는 하나님 아버지!

하루에 한 번 웃는 것이 쉬운 일 같지만 매시간 주님을 의지하지 않고 마음을 새롭게 하지 않으면 웃는 얼굴로 상대방을 대한다는 것이 쉽지 않을 때가 많습니다.

하나님! 우리 가족에게 마음에서부터 우러나는 웃음을 항상 허락하여 주시옵소서.

우리 가정이 즐겁고 평화로울 때뿐만 아니라 어려움과 근심가운데 거할 때에도 웃을 수 있는 여유있는 마음을 갖기를 소망합니다.

하루가 시작될 때, 웃음과 함께 시작하는 가족이 되게 하시고, 하루를 마무리할 때에는 그날의 즐거웠던 일을 서로 나누며 함께 기뻐하고 웃을 수 있는 가족 되게 인도하여 주시옵소서.

살다가 슬프고 화나는 일이 생길 수도 있겠지만, 그 순간을 빨리 회복하여 평안을 찾게 하시고, 어려운 일조차도 미소로 넘길 수 있는 하나님을 온전히 의지하는 믿음을 가진 가족이 되게 하옵소서.

우리의 즐거움에 근원되시는 주님을 찬양하며 예수님의 이름으로 기도합니다. 아멘.

인생의 열쇠 '마음' (HEART)

Hear and understand me.

(저의 이야기를 듣고 이해해 주십시오.)

Even if you disagree, please don't make me wrong.

(저의 의견을 받아들이지 않더라도 인격을 나무라지 마십시오.)

Acknowledge the greatness within me.

(저에게 숨겨진 장점을 인정해 주십시오.)

Remember to look for my loving intentions.

(애정이 담긴 저의 뜻을 꼭 찾아봐 주십시오.)

Tell me the truth with compassion.

(따뜻한 마음으로 저에게 진실을 말씀해 주십시오.)

기도 체크표

20일이 지났습니다. 기도한 횟수를 적어보세요.
당신이 기도한만큼 당신의 가족에게 하나님의 축복이 쌓여갈 것입니다.

횟수												
날짜												

가족의 장점을 찾아보세요

가족에게 하고싶은 사랑의 말, 격려 칭찬의 말을 적고 칭찬해주세요.

대상	칭찬해 주고 싶은 장점

사랑이 넘치는 가족

끊임없는 사랑과 관심은 인생을 바꿔줄 수 있는
최고의 가르침입니다.
하나님께서 주신 사랑을 서로에게 나눌 때
사랑의 열매를 맺는 가정이 될 것입니다.

먼저 말씀을 묵상하십시오.

"사랑하는 자들아 하나님이 이같이 우리를 사랑하셨은즉 우리도 서로 사랑하는 것이 마땅하도다"(요1서 4:11)

"무엇보다도 열심으로 서로 사랑할찌니 사랑은 허다한 죄를 덮느니라"(벧전 4:8)

"사랑은 오래 참고 사랑은 온유하며 투기하는 자가 되지 아니하며 사랑은 자랑하지 아니하며 교만하지 아니하며"(고전 13:4)

다음 페이지의 기도문을 읽으면서 마음을 다해 기도하십시오.

사랑이 풍성하신 하나님! 우리를 사랑하셔서 이렇게 귀한 가정을 선물로 주시니 감사합니다. 사랑은 아끼고 위하고 한없이 베푸는 이타적인 마음인 것을 고린도전서 13장을 통해서 하나님은 우리에게 말씀해 주셨습니다. 그 말씀에 순종하여 우리 가정이 서로를 아끼고 위하고 한없이 베푸는 사랑을 할 수 있도록 인도해 주시옵소서.

주님께서 베푸시는 우리를 향한 사랑을 생각하면 가슴이 뜁니다. 그 사랑을 본받아 행할 수 있는 우리 가족이 되게 하옵소서.
또한 이런 모습이 우리 가족에만 국한되지 않고 이웃과 우리의 사랑이 필요한 세상까지 넘칠 수 있도록 넉넉하고 넓은 마음을 갖게 하옵소서.

"여호와께서 그를 황무지에서, 짐승의 부르짖는 광야에서 만나시고 호위하시며 보호하시며 자기 눈동자 같이 지키셨도다"
(신 32:10)

"주는 나의 은신처이오니 환난에서 나를 보호하시고 구원의 노래로 나를 에우시리이다(셀라)"(시32:7)

다음 페이지의 기도문을 읽으면서 마음을 다해 기도하십시오.

매 순간 우리를 감찰하시고 지켜주시는 주님!

오늘도 우리 가정의 방패요 보호자가 되어 주신다고 약속하여 주시니 감사합니다. 우리 가족 모두가 어디를 가나 무엇을 하든지 하나님의 보호의 손길 안에 거하게 하셔서 어떤 악한 세력도 우리 가족의 영혼과 몸을 상하지 않도록 보호하여 주시옵소서.

주님! 우리 가족이 원치 않는 사고나 질병, 신체적 정신적 위험의 상황들을 당하지 않도록 특별히 보호하여 주옵소서.

"하나님이여 나를 보호하소서 내가 주께 피하나이다"(시 16:1)라고 했던 다윗의 고백을 드리오니 언제나 피할 수 있는 하나님의 그늘을 우리 가족을 위해 예비하여 주시옵소서.

주님! 우리 가족이 평안하고 안전할 때에 교만하지 않게 하시고 우리의 안전을 지켜주시며 평안의 근원이신 주님께 늘 감사하는 마음을 갖기를 소망합니다.

"누가 우리를 그리스도의 사랑에서 끊으리요 환난이나 곤고나 핍박이나 기근이나 적신이나 위험이나 칼이랴"(롬 8:35)라는 말씀처럼 어떠한 환난도 우리를 그리스도의 사랑에서 끊을 수 없다는 것을 믿기에 어떤 어려움이 와도 두렵지 않습니다.

하나님을 의지함으로 사고의 위험에서 벗어나 평안한 가정 되도록 인도하여 주시옵소서.

우리를 날마다 지키시는 하나님께 감사하며 예수님의 이름으로 기도합니다. 아멘.

맡겨진 일에
기쁨을 누리는 가족

맡겨진 일을 최선을 다해 자신의 일처럼 소중히 여기며

기쁨으로 감당한다면 그 노력의 결과는

결국 자신에게로 되돌아옵니다.

"지극히 작은 것에 충성된 자는 큰 것에도 충성되고 지극히 작은 것에 불의한 자는 큰 것에도 불의하니라"(눅 16:10)

"그 주인이 이르되 잘 하였도다 착하고 충성된 종아 네가 작은 일에 충성하였으매 내가 많은 것으로 네게 맡기리니 네 주인의 즐거움에 참여할찌어다 하고"(마 25:21)

다음 페이지의 기도문을 읽으면서 마음을 다해 기도하십시오.

주님! 우리에게 일을 맡겨 주시고 청지기라는 사명을 허락하여 주시니 감사합니다.

"맡은 자들에게 구할 것은 충성이니라"(고전 4:2)는 말씀처럼 주님께서 맡기신 가정과 직장, 학교와 교회에서 우리 가족이 감당하는 모든 일 가운데에 청지기로 부름 받았다는 것을 기억하며 충성하고자 하는 마음가짐을 갖게 하옵소서.

주님! 맡겨진 일들은 때론 우리에게 부담으로 다가옵니다. 그러나 기쁨으로 감당하는 자가 되게 하옵시며, 게으름이나 핑계 때문에 책임을 다하지 못하는 어리석음을 범하지 않도록 지켜 주시옵소서.

아무리 작은 일이라도 소홀히 여기지 않게 하시고, 먼저 주님께 감사할 줄 알아 일하는 동안의 즐거움을 누릴 수 있는 기쁨을 허락하여 주시옵소서.

쉬는 시간과 휴일만이 인생을 누릴 수 있는 시간이라
고 생각하는 사람들이 있지만, 이 세상에 사는 동안
일할 수 있는 시간이 얼마나 소중한지를 깨닫는 가족
되도록 마음을 다스려주옵소서.
그래서 가족 모두가 그 일을 감당할 때에 주님이 덧
입혀 주시는 능력을 발휘해 가정과 직장과 사회 속에
서 칭찬 받게 하여 주시옵소서.

예수님의 이름으로 기도합니다. 아멘

거짓을
멀리하는 가족

순간의 불편함을 모면하기 위해 시작한 거짓은
하나님과 나 사이에 벽돌을
차곡차곡 쌓아 올리는 것과 같습니다.
그러나 어려움을 감수하고 선포하는 정직은
쌓은 벽돌을 모두 허물어뜨립니다.

"거짓 입술은 여호와께 미움을 받아도 진실히 행하는 자는 그의 기뻐하심을 받느니라"(잠 12:22)

"진실한 입술은 영원히 보전되거니와 거짓 혀는 눈 깜짝일 동안만 있을 뿐이니라"(잠 12:19)

"거짓 행위를 내게서 떠나게 하시고 주의 법을 내게 은혜로이 베푸소서"(시 119:29)

다음 페이지의 기도문을 읽으면서 마음을 다해 기도하십시오.

우리 입술의 악함과 궤휼을 기뻐하지 아니하시는 주님! 날마다 우리 가족의 마음의 생각과 입술을 감찰하여 주시기를 원합니다. 사단은 우리를 미혹케 하려고 노리고 있습니다. 거짓으로 좀더 쉽게 편하게 상황과 형편을 모면해 보려는 어리석은 마음은 우리 곁에 다가오지 않게 하시며, 거짓과 가식의 가면으로 다른 사람을 속이고 하나님을 속이는 죄악을 범치 않도록 도와주시옵소서.

주님! 우리는 세상의 편견 앞에 너무나 연약합니다. 작은 것에도 두려워하고 작은 비난에도 괴로워합니다. 그러나 우리 가정은 하나님 한 분만 두려워할 줄 알게 하시어, 어떠한 상황 속에서도 하나님 앞에 정직하게 하시고 세상의 이목이나 평가를 두려워하지 않는 것을 날마다 훈련하는 가족 되도록 인도하여 주시옵소서. 그리하여 우리 가족 모두가 정결하고 깨끗한 그릇으로 준비되어 하나님의 쓰임을 받을 수 있게 하옵소서.

만약 자신도 모르는 사이에 거짓된 상황에 빠져 들었더라도, 빨리 깨닫게 하시고, 그 상황에서 건져주셔서 최악의 상황에 이르지 않도록 특별히 역사하여 주시옵소서. 또한 과감히 거짓을 탈피할 수 있는 담대한 용기도 허락하여 주시옵소서.

우리 가족 모두는 하나님 앞에서의 '정직' 을 최우선으로 삼고 우리의 죄악을 깨끗케 하시기 위하여 죽음까지도 감당하셨던 예수님의 희생을 깊이 새길 수 있게 하옵소서.

예수님의 이름으로 기도합니다. 아멘.

자녀 교육의 10계명

1. 어렸을 때부터 주님께 기도하게 하라.
2. 하나님의 뜻을 최고 목표로 삼으라.
3. 계속적인 모범을 보이라.
4. 많이 인정해주고 칭찬해주라.
5. 독립적이고 개성 있는 인격자로 세우라.
6. 부모가 싫어하는 일은 자녀에게도 시키지 말라.
7. 자녀들과 시간을 함께 가지라.
8. 다른 아이들과 비교하지 말라.
9. 모든 환경은 교육의 기회로 삼으라.
10. 가정과 사회에 필요한 존재임을 인식시키라.

하나님의 마음으로 전하는 조건 없는 사랑은 인간의 욕심으로 전하는 이기적인 사랑과는 비교할 수 없는 은혜요 감사임을 이 세상이 알도록 우리 가정을 사랑의 통로, 축복의 통로로 사용하여 주시옵소서.

"사랑하지 아니하는 자는 하나님을 알지 못하나니 이는 하나님은 사랑이심이라"(요1서 4:8)는 말씀처럼 사랑함으로 더욱 하나님을 깊이 알아가는 우리 가족 되기를 원하며 예수님의 이름으로 기도합니다. 아멘.

서로의 개성을
이해하며 존중하는 가족

서로의 차이점을 인정하고 이해하며 받아들이십시오.
이러한 배려는 상대방에게 날개를 달아주는 것과 같은
놀라운 힘을 공급하는 것입니다.

기도 체크표

25일이 지났습니다. 기도한 횟수를 적어보세요.
당신이 기도한만큼 당신의 가족에게 하나님의 축복이 쌓여갈 것입니다.

횟수											
날짜											

가족 감사 경연대회

가족에게 감사한 제목을 적고 마음을 표현해 보세요.
1. 먼저 감사제목을 적어보세요. 대상도 함께 적어 보세요.
2. 직접 말로 표현하세요.
3. 말로 표현을 했다면, 아래 그림의 점선을 실선으로 표시하세요.

감사제목	대상

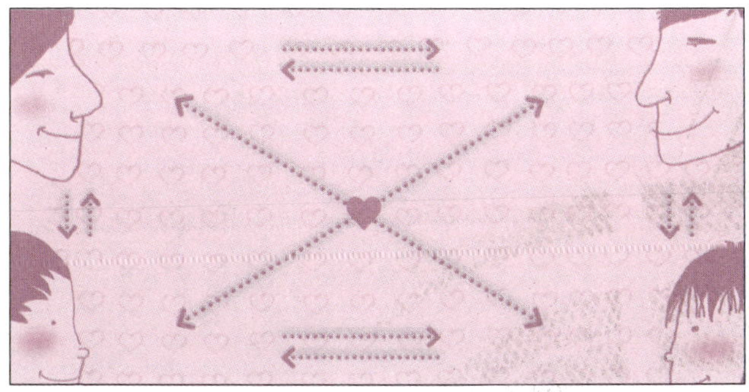

26 DAY

근심, 걱정, 두려움에서
해방된 가족

매일 저녁 나는 나의 근심거리들을 하나님께 맡긴다.
그분은 어쨌든 밤새도록 깨어 계실 것이기 때문이다.
– 매리 크로울리(Mary C. Crowley) –

먼저 말씀을 묵상하십시오.

"하나님의 뜻대로 하는 근심은 후회할 것이 없는 구원에 이르게 하는 회개를 이루는 것이요 세상 근심은 사망을 이루는 것이니라"(고후 7:10)

"사랑 안에 두려움이 없고 온전한 사랑이 두려움을 내어 쫓나니 두려움에는 형벌이 있음이라 두려워하는 자는 사랑 안에서 온전히 이루지 못하였느니라"(요일 4:18)

다음 페이지의 기도문을 읽으면서 마음을 다해 기도하십시오.

주님! 주님은 우리 가정의 보호자 되시며, 모든 상황 가운데서 언제나 돕고 계심을 믿습니다. 그러나 우리는 연약하여 어려움을 만날 때마다, 미래를 생각할 때마다 근심과 걱정을 앞세우고, 때로는 실제로 일어나지도 않은 일들에 대하여 두려워하기도 합니다.

주님! 우리 가족이 하나님은 완전한 사랑으로 우리를 깊이 사랑하고 계시며 그것은 독생자 외아들을 우리를 위해 내어주신 것으로 증거하셨다는 것을 매순간 잊지 않고 기억하여 마음 가운데 엄습하는 근심이나 걱정 두려움을 몰아낼 수 있는 용기를 주시옵소서. 그래서 하나님과 더 온전한 사랑과 신뢰의 관계를 맺을 수 있는 가정이 될 수 있도록 은혜를 베풀어 주옵소서.

근심 중에 여호와께 부르짖으면 그 고통에서 건지신다(시 107:6참조)고 하셨사오니, 걱정이 있을 때 주저앉아 있지 않게 하시고, 주님 때문에 해방되는 기쁨을 맛보는 가족 되게 인도하여 주시옵소서.

또한 재앙의 날에 피난처 되신다(렘 17:17참조)는 약속의 성취가 우리 가족 가운데 이루어지게 하옵소서. 걱정, 근심, 두려움이라는 부정적인 단어는 주의 약속의 말씀으로 인하여 모두 사라지게 하시고, 평안, 감사, 믿음의 은혜만 가득한 가정 되게 축복하여 주시옵소서.

예수님의 이름으로 기도합니다.

아멘.

평안한 가족

믿는 자들이 구하고 누려야 할 참된 선물은
하나님이 주시는 크고 놀라운 평안입니다.

"평안의 매는 줄로 성령의 하나 되게 하신 것을 힘써 지키라"
(엡 4:3)

"이것을 너희에게 이름은 너희로 내 안에서 평안을 누리게 하려
함이라 세상에서는 너희가 환란을 당하나 담대하라 내가 세상을
이기었노라 하시니라"(요 16:33)

"육신의 생각은 사망이요 영의 생각은 생명과 평안이니라"
(롬 8:6)

다음 페이지의 기도문을 읽으면서 마음을 다해 기도하십시오.

주님, 오늘도 피곤한 몸과 영혼이 쉴 수 있는 평안한
가정을 주시니 감사드립니다.

주님께서 날개 아래 품어주셔야 우리 가족은 항상 평
안을 유지할 수 있습니다. 아무리 거친 비바람이 일
어도, 폭풍이 몰려와도, 폭풍마저도 잠잠케 하시는
주님의 능력이 우리 가정과 함께 하셔서 어린 아이의
요람과 같은 포근한 가정 되도록 보호해 주시옵소서.
때로는 환경에 흔들리고, 사람들 때문에 흔들리고,
세상의 풍조 때문에 흔들릴 때가 있을지라도, 곧바
로 평안한 주님의 요새 안으로 인도하셔서 보호하여
주시옵소서.

살면서 많은 일들을 만나지만, 우리 가족에게 가슴
이 아플 만큼의 어려운 일은 가까이 다가오지 않도록

막아주시옵소서.

"평안을 너희에게 끼치노니 곧 나의 평안을 너희에
게 주노라 내가 너희에게 주는 것은 세상이 주는 것
같지 아니하니라 너희는 마음에 근심도 말고 두려워
하지도 말라"(요 14:27)는 주님의 말씀이 우리 가정
에 항상 임하게 하옵소서.
예수님의 이름으로 기도드립니다. 아멘.

28 DAY

하나님의 뜻을 분별하는 가족

우리는 기도할 때
우리의 뜻에 하나님의 계획을 꿰어 맞추려 합니다.
그러나 기도의 궁극적인 목적은
우리가 원하는 것을 얻기 위함이 아니라
하나님의 뜻을 분별하고
그 뜻에 순종하는 법을 배워가는 것입니다.

먼저 말씀을 묵상하십시오.

"네가 진리의 말씀을 옳게 분변하며 부끄러울 것이 없는 일군으로 인정된 자로 자신을 하나님 앞에 드리기를 힘쓰라"(딤후 2:15)

"너희는 이 세대를 본받지 말고 오직 마음을 새롭게 함으로 변화를 받아 하나님의 선하시고 기뻐하시고 온전하신 뜻이 무엇인지 분별하도록 하라"(롬 12:2)

"우리가 이것을 말하거니와 사람의 지혜의 가르친 말로 아니하고 오직 성령의 가르치신 것으로 하니 신령한 일은 신령한 것으로 분별하느니라"(고전 2:13)

다음 페이지의 기도문을 읽으면서 마음을 다해 기도하십시오.

주님! "너희로 지극히 선한 것을 분별하며 또 진실하여 허물 없이 그리스도의 날까지 이르고"(빌 1:10)라는 말씀을 우리 가족의 마음에 깊이 새기게 하옵소서.

육신의 소욕의 뜻을 좇지 않게 하시며, 우리의 주인이시며 우리를 가장 선한 곳으로 인도하길 원하시는 하나님 앞에 물어 그 뜻을 분별하는 가족이 되게 하여 주시옵소서.
그러나 주님! 우리가 때로는 무지하고, 깨어있지 못해서 무엇이 하나님의 뜻인지 잘 알지 못할 때가 많습니다.

가족 모두가 하나님의 뜻을 잘 분별할 수 있도록 말씀 가운데, 신실한 사람들의 입술을 통해서, 환경의

인도하심을 통해서 우리의 생각과 마음을 보호하여
주시옵소서.

악한 영의 생각이 우리 가족의 마음을 흐려놓지 않도
록 도우시며, 세상의 뜻을 하나님의 뜻인 양 행하는
어리석은 행동을 하지 않도록 지혜를 주시옵소서.
그리고 그 뜻이 나의 생각과 계획과 다를지라도 그것
이 하나님의 나라와 의를 먼저 구하는 것이면 따르며
순종할 수 있도록 믿음을 더하여 주시옵소서.
예수님의 이름으로 간구드립니다. 아멘.

내일을 기대하는 가족

비전이 있는 삶은 힘이 있고,
자신과 주변도 살아나게 합니다.
이제껏 걸어온 길, 그리고 가야 할 길을 점검하며
하나님 앞에 내일에 대한
기대와 소망을 가지고 나아가야 합니다.

먼저 말씀을 묵상하십시오.

"공중의 새를 보라 심지도 않고 거두지도 않고 창고에 모아 들이지도 아니하되 너희 천부께서 기르시나니 너희는 이것들보다 귀하지 아니하냐"(마 6:26)

"오늘 있다가 내일 아궁이에 던지우는 들풀도 하나님이 이렇게 입히시거든 하물며 너희일까보냐 믿음이 적은 자들아"(눅 12:28)

"소망 중에 즐거워하며 환난 중에 참으며 기도에 항상 힘쓰며"
(롬 12:12)

다음 페이지의 기도문을 읽으면서 마음을 다해 기도하십시오.

우리 가족이 내일을 기대할 수 있는 것은 바로 하나
님의 선하신 뜻이 함께 하시기 때문입니다.
기쁘고 즐거울 때는 감사가 넘치며, 힘들고 어려울
때라도 내일의 소망을 바라보는 우리 가족 되게 인도
해 주시옵소서.

혹시 현재의 어려운 상황과 내일의 불투명한 생각이
잠시 우리 곁에 있을지라도 다시 눈을 들어 하늘을
바라보며 내일의 희망이 우리 가족에게 손을 내밀고
있음을 느끼게 하옵소서. 주님께서 우리 각 사람과
가정을 성숙시키시고 이끌어 가실 것을 기대하는 우
리 가족 되게 하옵소서.

공중의 새도 먹이시고 들풀도 입히신 주님께 우리 가
족의 미래의 모든 것을 올려 드립니다. 또한 우리의

삶을 성실하게 인도하시는 주님을 의지하며 우리 가
족의 밝은 미래를 상상해봅니다.

항상 오늘보다 더 나은 내일이 있을 것을 기대하고, 또
한 그 기대가 현실로 이루어지게 하옵소서.
우리 가족에게 '실망, 낙심, 좌절' 의 시간은 스쳐 지나
가는 잠깐일뿐 '희망, 기대, 성취' 의 시간은 자자손손
지속되게 하옵소서.

우리 가족의 꿈을 붙들고 계시는 주님을 바라보며,
예수님의 이름으로 기도드립니다. 아멘.

삶의 열정이
식어지지 않는 가족

마음속에 무언가를 이루고 싶어 하는
열정을 가지고 있다면 어려운 장애물이 있더라도
그 장애물을 뛰어 넘을 수 있습니다.
환경을 탓하며 하나씩 포기하는 그런 어리석은 행동들을
버리고 우리의 앞날을 인도하시고
이루시는 하나님을 믿고 의지해야 합니다.

먼저 말씀을 묵상하십시오.

"부지런하여 게으르지 말고 열심을 품고 주를 섬기라"(롬 12:11)

"묵시가 없으면 백성이 방자히 행하거니와 율법을 지키는 자는 복이 있느니라"(잠 29:18)

"무릇 내가 사랑하는 자를 책망하여 징계하노니 그러므로 네가 열심을 내라 회개하라"(계 3:19)

다음 페이지의 기도문을 읽으면서 마음을 다해 기도하십시오.

주님! 주님은 우리 가정을 향해 사랑과 목적을 가지고 지금도 신실하게 일하시는데, 어느덧 신앙과 생활 속에서 소망이나 열정 없이 무의미하게 살아가는 저희들의 모습을 보게 됩니다.

잃어버린 한 영혼을 찾기 위해 밤과 낮으로 동분서주하셨던 주님의 사랑과 열정 때문에 우리 가정도 구원 받아 보장된 미래를 약속 받고 생명의 면류관을 소망하게 되었음을 잊지 않도록 도와주시옵소서.
그래서 우리의 인생이 얼마나 가치 있는 삶인지를 깨닫게 하시고 또한 이렇게 귀중한 시간들을 소망과 열정으로 채워가는 가족 되게 인도하여 주시옵소서.

우리 인생에 대하여 '무의미' 나 '무가치' 라는 단어는 우리 가족 중에 존재하지 않게 하시며, 끊임없이 살아있음에 대한 에너지가 솟아나게 붙들어 주시옵소서. 그 에너지는 주님으로부터 공급되어 우리 가족의 건강의 근원이 되게 하옵시고, 이 세상을 움직이는 작은 힘이 되기를 소망합니다.

힘과 능력의 근원되시는 예수님의 이름으로 기도드립니다. 아멘.

사람을 얻는 비결

1. 미워하는 사람이 있으면 그 사람의 장점을 종이에 기록해서 날마다 읽어라. 사람들에게는 단점도 있고 장점도 있다. 장점을 보아야 실망하지 않는다.
2. 그를 위해서 매일 기도하라. 기도하다보면 마음을 변화시켜 주실 것이다.
3. 미워하는 사람이 어려움을 당할 때 도와주어라.
4. 미워하는 사람을 의식적으로 칭찬하라.
5. 미소 띤 얼굴로 친절을 베풀어라.

기도 체크표

30일이 지났습니다. 기도한 횟수를 적어보세요.
당신이 기도한만큼 당신의 가족에게 하나님의 축복이 쌓여갈 것입니다.

횟수											
날짜											

가족에게 문자 보내기

가족에게 문자를 보내서 마음을 표현하세요.
(보내고 싶은 말을 적어보고 실천하세요)

선포(명령) 기도문

김경란 지음

소리내 믿음으로 읽기만 해도
주님의 보호, 능력, 축복, 변화와
마귀를 대적하는
강력한 선포기도가 됩니다!

두자녀를 잘키운 삼숙씨의 이야기

정삼숙 지음

미국의 예일, 줄리어드, 노스웨스턴, 이스트만,
브룩힐, 한예종, 예원중에서 수석도 하고
장학금과 지원금으로 그동안 10억여 원을
받으며 공부하는 두 아이지만,
그녀는 성품교육을 더 중요시했습니다.

부의 거룩한 이동

송순복 지음

5백만 원(5평가게)으로 시작해
큰 기업을 이루게 하신 하나님 이야기!

번성하게 하고 번성하게 하소서

최성규 목사 지음

"…내가 반드시 너에게 복주고 복주며…
너를 번성하게 하고 번성하게 하리라"(히6:14)는
하나님의 약속이 성취됩니다.

365일 매일 번성을 위해 기도하는 책!
영혼도 잘 되고, 범사도 잘 되고, 영육이 강건해집니다.

자녀 축복 안수 기도문

정요섭 목사 지음

1년 365일 내내 성경말씀과 함께
자녀를 축복하는 안수기도할 때의 기도문!

365일 자녀의 머리에 손을 올리고
이 책을 따라 읽으며 기도하십시오.
자녀가 하나님의 보호와 은혜로 잘 됩니다.

우리 부모님을 지켜 주옵소서

최성규 목사 지음

이 기도문으로 부모를 위해 기도하는 자녀에게
하나님께서 약속한 큰 복이 임하고,
부모님도 영혼이 잘되고 범사가 잘되고 강건하게 됩니다.

365일 부모님의 삶을 위해 기도하는
효자 효녀가 되십시오. 하나님이 잘되고 장수케 한다고
약속하십니다.

가족을 위한 무릎 기도문

편저자 | 편집부
발행인 | 김용호
발행처 | 나침반출판사

39판 발행 | 2025년 9월 15일

등 록 | 1980년 3월 18일 / 제 2-32호
주 소 | 157-861 서울 강서구 염창동 240-21
　　　　블루나인 비즈니스센터 B동 1607호
전 화 | 본　　사(02)2279-6321
　　　　영업부(031)932-3205
팩 스 | 본　　사(02)2275-6003
　　　　영업부(031)932-3207

홈페이지 | www.nabook.net
이 메 일 | nabook365@hanmail.net

ISBN　978-89-318-1377-7
책번호　바-1024

값은 뒷표지에 있습니다.